Meine Heimat liegt auf dem Friedhof begraben

In diesem Buch schreibt sich Mala Heinrich ihre bittersüße Dorfkindheit im Schleswig-Holstein der Fünfzigerjahre von der Seele, die sie früh verlassen musste, als ihre Familie erst nach Kiel, später nach Süddeutschland zog. Die Autorin lebt und arbeitet heute als Psychotherapeutin in Hamburg, daher schreibt sie unter einem Pseudonym.

Mala Heinrich

Meine Heimat liegt auf dem Friedhof begraben

Kindheit in Westensee in den Fünfzigerjahren in Bildern

Bibliografische Information der Deutschen Nationalbibliothek
Die Deutsche Nationalbibliothek verzeichnet diese Publikation in der Deutschen Nationalbibliografie; detaillierte bibliografische Daten sind im Internet über http://dnb.d-nb.de abrufbar.

Coverbild: Niko Gern, Westensee

Verlag: BoD · Books on Demand GmbH, In de Tarpen 42,
22848 Norderstedt, bod@bod.de
Druck: Libri Plureos GmbH, Friedensallee 273, 22763 Hamburg

ISBN: 978-3-7693-9282-1

Inhalt

In diesem Dorf in Schleswig-Holstein, etwa in der Mitte zwischen Kiel und Rendsburg, bin ich aufgewachsen. Es liegt am Ufer eines relativ großen Sees, der in die Ausläufer des Holsteinischen Hügellandes eingebettet ist.

Ich lade Sie ein, mit mir auf den Westenseer Friedhof unter die hohen alten Linden zu kommen, die ihn nach allen Seiten umstellen. Fast immer hört man sie im Wind des Nordens rauschen, sie geben Schutz und Stärke all denen, die hierherkommen, um ihre Lieben zu besuchen oder wenn sie sich endgültig von ihnen trennen müssen. Wie oft ich selbst ihn besucht habe, kann ich gar nicht sagen. Immer wieder bin ich im Laufe meines Lebens durch die Reihen mit den säuberlich geschnittenen Buchsbaumumrandungen geschritten, habe die Namen derer gelesen oder zu entziffern versucht, welche die inzwischen schon lange verstorbenen Begleiter meiner Kindheit waren, bis ich sechs Jahre war und wir nach Kiel zogen, angeblich wegen der gesundheitlichen Situation meines Vaters. Schon eher war es die Ansprüchlichkeit meiner Mutter, seiner zweiten Frau, die meine Einschulung in die zweiklassige Dorfschule nicht ertragen wollte. Doch mein Vater bestand damals auf einem Wochenendhaus, was sich mit viel Verzicht und gemeinsamen Anstrengungen verwirklichen ließ, sodass uns Dorf, See und vor allem Tante Ella, meine »Eia«, noch mehrere Jahre erhalten blieben, bis wir nach Süddeutschland zogen.

Ella war der gute Geist unserer Familie, diese älteste Bauerntochter aus Pommern, die uns mit ihrer Aufmerksamkeit, Liebe und Arbeit umsorgte. Sie hatte die slawischen hohen Wangenknochen ihres Vaters und trug eine Dauerwelle, das modische Attribut der Nachkriegsjahre, egal ob sie zu der jeweiligen Frau passte oder nicht. Mein Vater hatte sie gefunden als zuverlässige Haushälterin für sich und seinen verwitweten Vater, den lebensuntüchtigen »Physikprofessor«, den man regelmäßig abends korrekt mit Anzug und Hut gekleidet am Stock trippelnd durch das Dorf gehen sah, auf dem Weg zu seiner »Bekannten«, die er im Café Sievert zu treffen pflegte. Er hatte eine gute Rente. Tagsüber saß er in seinem Zimmer oben am alten Sekretär und rechnete, so sagte man mir zumindest, wohl um mich von ihm fernzuhalten, denn dabei durfte er nicht gestört werden. Nur zu den Mahlzeiten kam er hinunter. Wir mochten ihn aus unterschiedlichen Gründen alle nicht besonders, doch davon später.

Als mein Vater sich nach den Wirren von Kriegsende und Gefangenschaft selbst noch halb wirr alleine daranmachte, seine Landarztpraxis von einem durch die Kassenärztliche Vereinigung eingesetzten Vertreter zurückzuholen, verjagte er als Erstes seine eigene erste Frau und die beiden gemeinsamen Kinder. Für mich ist das heute nicht mehr nachvollziehbar. Man sagte, Frauen aus dem Dorf hätten ihm von ihrer vermeintlichen Untreue erzählt, als er nachgefragt habe, weil er die scheelen Blicke nicht mehr ertragen habe. Das war 1947, als er nach zwei Jahren aus britischer Gefangenschaft im ehemaligen KZ Esterwegen im Emsland und mehreren Außenlagern – wahrscheinlich wegen seiner NSDAP-Zugehörigkeit – ausgehungert und dünnhäutig zurückkam und Haus und Praxis besetzt vorfand. Frau und Kinder waren ihm fremd, hatten Ansprüche an ihn, die er nicht kannte und nicht erfüllen konnte, da er 1939 gleich eingezogen worden war und bald im fernen Flandern gelebt und gearbeitet hatte. Daher hatte er weder die Geburt meiner Halbschwester Marlis 1940 noch die meines Halbbruders Jochen 1945 erlebt, ihre niedliche erste Lebenszeit. Die Männer in Positionen wurden ferngehalten von ihren Familien: Vielleicht hätte es sie weich gemacht? Drei Wochen Urlaub im Jahr waren erlaubt, gerade genug, um das nächste Kind zu zeugen. Die ausgleichenden und klugen Schwiegereltern hatten nach ihrer Ausbombung in Kiel inzwischen an der Schlei wieder ein neues Heim gefunden, konnten nicht mehr vermitteln. So ging alles seinen unseligen Gang, vor allem zulasten der Kinder, die unter ärmlichsten Verhältnissen im Arzthaus in immer engeren Räumlichkeiten mit ihrer Mutter lebten, da auch noch geflüchtete mütterliche Verwandtschaft aus dem Osten aufgenommen und versorgt werden musste. Dafür musste die hübsche junge Lilo betteln gehen bei den Bauern, den Patienten ihres Mannes, die jetzt zum Kollegen gingen und die genau wussten, dass sie, da ihr Mann im Lager saß, kein Geld mehr bekam. Manch einer nutzte die Gelegenheit und tätschelte mal »vertraulich«, was die eigene Frau gar nicht gerne sah. Die junge »Frau Doktä« versorgte ihre große Familie aus dem Garten oder versetzte nach und nach, was der Arzthaushalt hergab an Silberbesteck, Schmuck und Gerätschaften von Wert. Man beobachtete sie, wie man alle im Dorf beobachtete, und spekulierte, wozu sie bereit wäre.

Ella wurde daher in gewisser Weise die Nachfolgerin der ersten Frau meines Vaters, lebte aber selbst mit ihrer Familie in der Siedlung unterhalb von Gut Annental, einem Hof Richtung Emkendorf. Sie wurde nach den unruhigen

Kriegs- und Nachkriegsjahren der gute Geist unseres Hauses und blieb es auch, als meine Mutter als zweite Frau wenige Jahre später dazukam. Diese hatte damals nach anstrengender Flucht aus Potsdam bis Flensburg mit dem Fahrrad und Assistenzarztzeit in Göttingen den Wunsch nach einer eigenen Familie. Daher hatte sie – ganz moderne Frau – eine Anzeige in der »Evangelischen Wochenzeitschrift« aufgegeben, unter »Suche«. In einer Zeit, in der das journalistische Angebot deutlich geringer war als heute, war es kein Wunder, dass mein Vater in seinem einsamen und angestrengten Kampf um seine Landarztpraxis ihre Suchbewegungen wahrnahm und antwortete. Die Zeit bis zur Verlobung war kurz, schnell war man sich einig und nach drei Jahren war ich da als lebender Beweis des jungen Glückes. Dass ich mich dennoch Ella so eng anschloss, lag an einer Erkrankung meiner Mutter kurz nach meiner Geburt, weshalb sie nochmals für eine längere Zeit im Krankenhaus in Kiel aufgenommen werden musste. So wurde ich zum Wunschkind von Ella und bekam eine zweite Mutter, die mich mit all ihrer Liebe und Fürsorge fütterte und umsorgte. »Eia« war daher eines meiner ersten Worte.

Der Weg zum Friedhof durch das Dorf

Die Welt meiner Kindheit spielte sich im sogenannten »Arzthaus« ab, einem etwas zurückgesetzten zweistöckigen Gebäude mit Walmdach aus dem ersten Jahrzehnt des 20. Jahrhunderts, mit einer hellen verputzten Fassade, das es heute nicht mehr gibt. Es stand etwa gegenüber der Post, wo Frau Schanz, die Dorfinstitution in Sachen Post, Telegramme und Telefon, ein freundliches, aber bestimmtes Regiment hinter ihrem Schalter in einem schmucken Backsteingebäude führte. Hier war die alte Lindenallee, die die aufsteigende Dorfstraße säumte, weniger dicht, sodass ich die sandige Auffahrt unter den jungen Birken und unser Haus als sonnenbeschienen in Erinnerung habe. Vorne hatte dieses einen Erker und eine Treppe rechts an der Seite, die zu einem überdachten Eingang führte. Das Kellergeschoss wurde von einer Tür unter der Treppe betreten, schon war man nach ein paar Stufen in der Praxis. Im Haus lebten meine Eltern, mein Großvater väterlicherseits und meine beiden Halbgeschwister, nachdem sie mit einem gewissen zeitlichen Abstand nacheinander beim Umzug ihrer Mutter mit deren neuem Mann in den Süden am Ende doch noch von ihrem Vater wieder im Arzthaus aufgenommen worden waren. Aber gut wurde es nie mehr.

Rechts neben uns wohnten Bauschkes mit dem Gemeindebock. Dieser Ziegenbock verströmte seinen intensiven Geruch und führte häufig zu ähnlich regem Zulauf an Ziegen – der Kundschaft unseres Nachbarn, der sich durch das »Decken« seines Bockes ein Zubrot verdiente – wie die Praxis meines Vaters an Menschen. Sein einsehbarer Stall und das, was sich darin abspielte, war meiner Mutter natürlich ein Dorn im Auge. Und so ließ sie direkt an unserer Hecke einen mannshohen Lattenzaun errichten, der nur leider große Astlöcher hatte, sodass sich bald wir Kinder auf zwei Etagen davor versammelten: Meine Geschwister schauten feixend und kichernd durch die oberen Astlöcher, ich versuchte, unten meinen Teil zu erhaschen, wusste jedoch noch gar nicht, wonach ich sehen sollte. Wenn es mir zu langweilig war, quengelte ich, hochgehoben zu werden. Viel verstand ich aber nicht, außer dass irgendetwas zusammengesteckt wurde zwischen dem Bock und den Ziegen, und das versuchte ich mit meinen Püppchen und Zwergen nachzuspielen. Es schien jedenfalls etwas sehr Wichtiges zu sein, das man vor meiner Mutter besser verbergen sollte.

Wenn es hingegen zum Milchholen ging, rief ich begeistert: »Auch mit«. Schnell aus der Speisekammer die silbergraue Milchkanne mit dem Holzgriff geholt, und nach dem mühsamen Anziehen der engen Winterklamotten stolzierte ich an der Hand meiner Mutter die Dorfstraße hinunter, natürlich ordentlich auf dem Fußweg, dem Sandstreifen seitlich der großen Lindenbäume, und nicht etwa auf der Straße.

Schnell waren wir an dem hübschen Haus auf der anderen Seite vorübergegangen, das später Tante Ella gehören sollte. Mit seinen glänzenden, dunkelroten Klinkern unter dem grün umrandeten Dach und den weißen, etwas versenkten Feldern, dem weißen Stufengiebel fiel es auf. Dass es nur eine Pumpe im Hof hatte und ein Plumpsklo, konnte man von vorne nicht sehen. Doch ich wusste das schon, längst bevor Ella nach ihrer Heirat dort einzog: Meine beiden Halbgeschwister mit ihrer Mutter hatten nämlich darin zeitweilig Aufnahme gefunden, als sie von unserem Vater aus dem Arzthaus vertrieben wurden. Was das für sie bedeutet haben musste, wurde mir erst viele Jahre später klar: beschämende Abwertung vor aller Augen.

Dann kam die Werkstatt von Karlchen Dose, dem Fahrradhändler, den alle so nannten, wo es immer etwas zu gucken gab: kaputte, aber auch ganz neue, schöne Räder, glänzend in der Sonne vor dem Laden aufgereiht. Und dann waren wir auch schon bei Frau Paasch, mit langgezogenem a, dem Kaufmannsladen mit der langen Theke, hinter der es alles, was das Herz begehrte, zu kaufen gab. Schon früh durfte ich auch allein »was holen gehen«, heute undenkbar, aber damals – ich musste ja nicht einmal die Straße überqueren, nur den wenig befahrenen Abbieger zur Kiebitzkate. Ein unvergessenes Mal war ich wieder zu schnell gewesen oder beim Gucken über meine langen Füße gestolpert – und das Kilo Zucker war im Dreck gelandet. Weinend musste ich nach Hause laufen, voller Angst vor dem Donnerwetter, das unweigerlich folgte.

Gegenüber vom Dorfladen wohnte meine Freundin Cornelia Schlotfeld, ein kleiner blonder Quirl mit einem runden geflochtenen Dutt mitten auf dem Kopf, ein »Honigtöpfchen«, wie ihn einer meiner Lehrer später auf dem Gymnasium einmal nannte. Sie wohnte mit ihrer Mutter direkt neben dem Bäcker und Café Röckendorf: Sie hatte es gut! Das Glück der Welt und die guten Gerüche aus der Backstube waren so nahe. Wie oft rannte ich zu Ella, erzählte ihr etwas oder beschwerte mich über meine Mutter, dass sie gemein zu mir gewesen sei. Dann unterbrach sie kurz ihre Arbeit, griff in die Schürzentasche, holte ein kleines Geldstück neben ihrem Taschentuch heraus oder dieses gleich dazu und tröstete mich mit den Worten: »Ooch Malchen, nu lass ma, da hast ’nen Groschen, geh man und hol dir was Schönes bei Röckendorf. Nu is gut!«

Und das tat ich dann sofort, auch wenn das Mittagessen unmittelbar bevorstand, was streng verboten war: »Das verdirbt dem Kind den Appetit«, was man bei mir aber gar nicht behaupten konnte. Vor diesem Tresen zu stehen und all die süßen Kuchen und Leckereien der Nachkriegszeit sehnsüchtig zu betrachten: Bienenstich, Amerikaner mit dem genau in der Mitte aufgeteilten braun-weißen oder rosa-weißen Zuckerguss, Butterkuchen, Granatsplitter ... Stundenlang hätte ich dort stehen bleiben können, um sie zu »studieren«, wie man es hier im Norden nannte, wenn jemand in Betrachtung versunken war, und schließlich mit einem Schaumkuss, Baiser oder Salmiakpastillen in einem kleinen Beutelchen in der Hand den duftenden Laden wieder zu verlassen. Diese kleinen schwarzen etwas scharf schmeckenden Romben wurden anschließend auf dem mit Spucke befeuchteten Handrücken zu einem Stern gelegt, der dann langsam und genüsslich mit der Zunge abgeleckt wurde. Das führte allerdings nicht selten dazu, von den älteren Jungs im Dorf aufgezogen zu werden:« Doof bleibt doof, da helfen keine Pillen und auch keine Salmiakpastillen ...« Da war ein Salmi die bessere Wahl: ein ebenfalls rombenförmiger Salmiakgummi, der genau in eine Kinderhand passte und den Genuss von Lakritze und Kaugummi in sich vereinte, das heißt aufgegessen werden konnte nach dem Kauen.

Auf dem Weg zum Milchholen musste ich an der Hand meiner Mutter nun die Dorfstraße überqueren, direkt auf den Fleischerladen von Schlachter Doose liefen wir zu. Doch ließen wir heute den blitzsauberen Laden rechts liegen. Dort war der Fleischer mit seiner weißen Mütze und langen Gummischürze über den hohen Stiefeln oft dabei, seinen weiß gekachelten Laden mit seinem langen Schlauch abzuspritzen oder frisches Fleisch an Haken von hinten in den Laden zu bringen und rechts und links hinter der Verkaufstheke aufzuhängen, das er vorher mit lautem Hacken zerteilt hatte. Die Theke war hoch und immer stand eine Hortensie darauf. Jedes Mal nach dem Bezahlen kam die unweigerliche Frage der Schlachterin, auf die ich schon wartete: »Na Malchen, machst' 'ne Scheibe Wurst?« Und natürlich nickte ich und durfte mir dann eine aussuchen, am liebsten die Blutwurst, die geliebte »karierte Wurst«, von der ich dann eine Scheibe über den Tresen gereicht bekam. Kühlregale gab es noch nicht.

Nun kamen wir bei Bauer Kläschens Stall vorbei, wo es immer so schön nach Kühen und Milch aus den Mauerschlitzen roch. Wenn ich allein war, stand ich meist lange darunter, schnüffelte und rief nach »Eia«, da sie dort manchmal zum Melken aushalf. Dann kam prompt von unten ein »Jaha Kind, ich komm gleich, geh man schon nach Hause«. Warum wir nicht bei diesem Hof unsere Milch holten, kann ich nicht sagen: Wir gingen den langen Weg am »Neuen Friedhof« rechts vorbei, der sich mit seinen vielen frischen Gräbern den Hügel hinaufzog. Es war gut, hier nicht alleine laufen zu müssen. Dieses war auch die »langweilige Strecke«, denn nur der Friseurladen auf der linken Seite mit seiner im Wind baumelnden Silberscheibe unterbrach die Eintönigkeit der roten Backsteinhäuser auf dieser Straßenseite. Für die Blumen im Fenster hatte ich noch keinen Blick. Ich strebte bereits auf die hervortretende Friedhofsmauer mit ihren Natursteinen zu. »Noch so lange zu laufen!«, dachte ich jedes Mal, wenn es hier entlangging.

Bis zur Kirche gab es einen Fußweg neben dem groben Kopfsteinpflaster der Straße, der in den 50er-Jahren noch unbefestigt war. Oft musste man am Rande der Pfützen entlang balancieren. Deshalb hatten alle Kinder auch irgendwann Gummistiefel. Leider bekam man darin so schnell kalte Füße. Daher enthielt meine sparsame Mutter sie uns wohl lange vor – eher musste man an ihrer Hand durch das unebene Gelände jonglieren, immer ein bisschen wie ein Raubtier an der Leine.

»Komm zu Mutti an die Hand« war daher ein strenger Befehl, dem sofort Folge zu leisten war. Gleichzeitig musste man aufmerksam nach rechts oder links grüßen, das »N'Tach« der Dorfbewohner wurde selbstverständlich mit einem ordentlichen »Guten Tag« oder »Guten Morgen« beantwortet.

Endlich an der Kirche angekommen, lud das Holztor am Eingang zum Friedhof dazu ein, durch die Latten nach innen zu schauen. Doch meine Mutter ließ es nicht zu. Wie ein Schraubstock wurde ihre Hand – ich wand mich wie ein Aal, aber es nützte nichts. Da floss die ganze Kraft dieses stummen Kampfes in meine rechte Hand, und die Milchkanne flog in hohem Bogen über die Straße, bis sie laut scheppernd auf den letzten Metern des Kopfsteinpflasters fast bei der kleinen Verkaufsstelle auf der anderen Straßenseite liegen blieb. Ein paar grinsende Gesichter tauchten in Tür- und Fensteröffnungen auf: »Dat Gör von'n Doktä is wieder mal frech, ma gucken, wat de Olsch macht.« Doch Frau Doktor überquerte stumm nach rechts und links schauend mit ihrem Kind an der Hand energisch die Straße, hob die Kanne auf und ging weiter. Erst auf Höhe des Ehrenmals für die Gefallenen des Ersten Weltkrieges setzte es ein Donnerwetter. Sie hielt mir die verbeulte Kanne vor die Nase und drohte: »Na warte.« Doch merkwürdigerweise hatte mein Tun dieses Mal keine weiteren Folgen. Die Beulen in unserer Milchkanne blieben sogar bis zum Ende ihres Einsatzes in unserer Familie als ewiges Andenken erhalten.

Der weitere Weg zum Bauern führte quer über den Dorfplatz mit der Linde am Gasthof und an der Schmiede vorbei, die damals noch manchmal in Betrieb war, um die Pferde mit Hufeisen zu versorgen, und verlief ohne weitere Vorkommnisse.

Und nicht lange danach bekam ich meinen ersten Roller – rot mit silbernen Schutzblechen, vom kinderreichen Nachbarn gegenüber abgekauft, doch das war mir egal: Ich war so stolz.

Der Roller ermöglichte es mir, langweilige Strecken schnell zu überwinden und meine Neugierde zu stillen oder auch Ella zu suchen, die neben der Arbeit in unserem Haus, die langsam weniger wurde, jeden Tag irgendwo anders arbeitete und aushalf. Mal molk sie, mal pflegte sie den Garten oder putzte.

So war der Weg zum Friedhof in meinen frühen Jahren eigentlich ein Weg am Friedhof vorbei. Er war Ziel und viel besuchter Aufenthaltsort der Dorfbewohner, man nutzte ihn für ein Schwätzchen, denn hier war man ungestört. Viele Menschen nahmen es damals – wie es manchmal auch heute noch der Fall ist – sehr ernst mit der Grabpflege: Zum Sonntag oder zu Feiertagen wurden die Gräber ebenso geschmückt wie die Häuser, und die Arbeit der Woche endete erst, wenn vor den Gräbern wie vor dem Haus geharkt war.

Heute jedoch führt mich mein Weg eigentlich jedes Mal bei einem Besuch am Westensee auch oder sogar direkt auf den Friedhof. Hier finde ich immer noch jede der alten Grabstätten, umrandet von hohen Buchsbaumhecken, die Stein- und Grabkreuze manchmal so eng umwachsen haben, dass man die verwitterten Inschriften und Steinformen kaum noch zu erkennen vermag. Doch werden sie weiterhin gepflegt: Sie sind wohl nicht nur für mich das Gedächtnis des Ortes – gewaltige Familiengräber der einst geschichtsträchtigen Herrenhäuser und Gutshöfe rund um den Westensee finden sich hier, untergegangene Geschlechter bezeugen von ihren Welten: von Rantzau, Prinz, von Ahlefeld, von Reventlow und weitere adelige Namen derer, die z. T. erst durch Flucht und Vertreibung des 2. Weltkrieges in diese Gegend kamen.

In kleineren Grabstätten daneben finden sich Steine von einfachen Menschen, die am Ende hier ihre Ruhe fanden. Viele, die das Dorf meiner Kindheit bevölkerten, seine lebenden Institutionen, fanden sich schließlich ein: das Ehepaar Röckendorf von der Bäckerei, mit weichem pommerschem »R« am Anfang ausgesprochen, die das Dorf in den kargen Nachkriegszeiten mit Brot und Naschereien versorgten. Sie scheinen selbst keine Nachfahren gehabt zu haben und waren doch so kinderlieb. Sie starb lange vor ihm, ungewöhnlich. Es gibt Familiengräber der verschiedenen Familien Doose, weit verzweigt, mein Vater hätte sicher viele Geschichten erzählen können.

Herr Gnutzmann fällt mir ein, der Kohlenmann des Dorfes, er liegt neben seiner Frau gleich am

Ausgang zum See. Wenn ich damals die Stufen in die Praxis auf »unserer Treppe« innen überwunden hatte, stolz unten im Wartezimmer stand und mein Blick auf diesen über und über schwarzen Mann fiel, fürchtete ich mich und wollte schnell an ihm vorbeirennen, zu meinem Vater ins Sprechzimmer. Doch er machte sich einen Spaß, griff mit seiner schwarzen Hand nach mir und neckte mich: »Ick bün de Swarte Mann un komm' und hol' die Kinner, wenn sie nech brav sin, un steck se in min swarte Sack!« Manchmal traute ich mich nicht an ihm vorbei, bis mein Vater aus dem Zimmer kam und dem Spuk lachend ein Ende bereitete. Wenn Herr Gnutzmann arbeitete, dann konnte man das immer genau hören, da er die Kohlen und Briketts aus seinen Säcken direkt auf die schräge Ebene unter dem Fenster des Kohlenkellers ausschüttete, sodass sie mit lautem Rauschen und Gepolter nach unten fielen. Später musste mein Vater oder mein Bruder mit der Kohlenschaufel alles ordentlich auf zwei Haufen verteilen, Koks und Briketts, die Letzteren neben dem Feuerholz aufstapeln, damit der Ofen der Zentralheizung befeuert werden konnte.

Es gab auch einen Mann, der das Abwasser aus den Sickergruben der Häuser absaugte, denn es gab lange keine Kanalisation in Westensee: »der

Goldmann«, wie mein Bruder mir verriet, seinen richtigen Namen kann ich gar nicht mehr erinnern. Jedenfalls war es eines der regelmäßig wiederkehrenden Ereignisse des Jahres, wenn er mit seinem Traktor mit Anhänger und Jauchesilo kam. Man konnte ihn schon von Weitem riechen.

Das Dorf Westensee muss einmal recht wohlhabend gewesen sein mit seinen großen Höfen, dem Gutshof, handwerklichen Betrieben und fruchtbaren Böden der Endmoräne der Eiszeit, die auf den Feldern neben der Krume auch ihre Findlinge und Feuersteine hinterlassen hat. Immer wieder stießen die Bauern mit ihren Pflügen daran, mussten sie aufsammeln und an die Seiten werfen, dass sie aus dem Weg waren und der Pflug nicht stumpf wurde an ihnen.

In diesem Dorf befand sich auch zeitweise ein Amtsgebäude, in dem in meiner Kindheit Herr Sievert das Bürgermeisteramt innehatte – neben dem schon erwähnten Café. Er bewohnte mit Familie das weiße Gebäude im Stil eines großen Hofgebäudes mit einer eindrucksvollen Fensterfront, der Blick von innen geht auf eine Wiese gen Norden in die Hügellandschaft mit den Knicks[I]. Am Dorfrand gelegen an einem noch heute ungeteerten Weg Richtung Emkendorf und Brux muss man durch ein weißes Tor treten und durch die heute mächtige Buchenallee leicht aufwärts gehen, immer die Hausfront mit ihren Fenstern im Blick. Hier hat jemand die Gesetze von Macht und Unterwerfung in der Architektur umzusetzen verstanden.

Manchmal sagte mein Vater schon beim Mittagessen, wenn er zu seinem Mittagsschlaf aufstand: »Heute müsst ihr nicht mit dem Abendbrot auf mich warten, Herr Sievert kommt in die Praxis, da wird es spät.« Und dann sahen wir unseren Vater an diesem Abend meist nicht mehr. Dafür drang ein Raunen und manchmal Gelächter zu uns herauf, während wir mit meiner Mutter ein langweiliges Abendbrot mit viel Ermahnungen und unangenehmen Fragen über uns ergehen lassen mussten. Wenn Vati aus der Praxis oder von seinen Hausbesuchen erzählte, war es immer spannend – bis meine Mutter ihm ins Wort fiel: »Aber Heinz, doch nicht vor den Kindern!« Wenn Herr Sievert in die Praxis kam, hatte Ella meinem Vater einen Teller mit »geschmierten Broten« in die Küche gestellt, meist sogar mit einer eingelegten Gurke, die es für uns sonst nur sonntags gab. Auch die Familie Sievert hat ein Familiengrab auf dem alten Friedhof.

Die Familie vom alten Westenseer Gasthof liegt ebenfalls hier begraben: Ein Jahr nach meiner Geburt in den frühen 50er-Jahren war der Wirt verstorben. Ich erinnere mich, wie mein Vater mir anvertraute, dass er in seiner Wirtschaft beim Bierzapfen hinter dem Tresen erschossen worden sei – wurden damals alte Rechnungen beglichen? Jedenfalls wurde der schöne große Gasthof mit dem Saal für Hochzeiten und Veranstaltungen noch ein paar Jahre von der Witwe und ihrer Schwester weitergeführt, sicherlich in der stillen Hoffnung, dass der Sohn eines Tages das väterliche Erbe antreten werde. Doch dieser war aus ganz anderem Holz geschnitzt als sein Vater, war auch eher Männern zugeneigt, was ihn in diesen frühen Jahren nach dem Krieg zum Außenseiter stempelte. Wie schade, einstmals war dieser prächtige große Gasthof am Dorfplatz neben dem Pfarrhaus und der Kirche das Zentrum des Ortes gewesen. Sicher trauerte nicht nur ich ihm lange nach. Ich erinnere noch das erste Eis am Stiel, das es dort an heißen Sommertagen – selten genug – gab. (»Fürst Pückler!«, erst Jahrzehnte später lief ich durch dessen schönen Park bei Schloss Muskau nahe der Grenze zu Polen.) An sonnigen Sonntagen durfte man hinter dem Gasthof in den Garten gehen bis zum Wasser, am Steg wurden noch Ruderboote vermietet. Und im mir damals riesig erscheinenden Saal fanden Hochzeiten und das jährliche Vogelschießen-Fest[2] statt, das Großereignis des Sommers, von dem alle schon lange davor voller Erwartung erzählten. Heute sind sie vermutlich alle auf dem Friedhof vereint: Gäste, Opfer und Täter, diejenigen, die der Witwe und dem Sohn des Gastwirtes das Leben nicht leicht machten.

Auch andere Menschen, die nicht den Vorstellungen vom gesunden, tatkräftigen Volk entsprachen, haben hier ihre Ruhe gefunden: die Tochter des Kfz-Meisters von der Autowerkstatt. Sie sei ein liebes Mädchen gewesen, aber »nicht ganz richtig im Kopf«, wie Ella sagte, der Vater habe sie noch im Rollstuhl auf dem Friedhof besucht. Auch Hans, der Bruder von Ella, der eigentliche Hoferbe, liegt hier im Familiengrab der Bartelts bestattet. Als er in jungen Jahren an Kinderlähmung erkrankte, musste er über Monate ganz allein in der »Eisernen Lunge« des Krankenhauses im mehr als 20 km entfernten Kamien, der pommerschen Kreisstadt, liegen, bis er schließlich wieder nach Hause entlassen wurde mit einem Bein, das einfach nicht mehr mitwachsen wollte. Sein Leben lang musste er nun mit einem schwarzen orthopädischen Schuh um den zarten Kinderfuß durch sein Leben humpeln. Schon als Kind wunderte ich mich darüber, wie fröhlich er dennoch war und wie viel er arbeitete und schuftete, unermüdlich war er, zwar langsam, aber doch immer dabei, alles wegzuarbeiten, was anfiel, häufig in unserem Garten. Heute denke ich mir, dass er wohl großes Glück und die Unterstützung seiner ganzen Familie benötigte, um die Nazizeit zu überleben. Jedenfalls trug er sein Schicksal mit bewundernswerter Gelassenheit und Freundlichkeit, die neben der Zurückhaltung ein Merkmal der ganzen Familie Bartelt war.

Der Vater war vermutlich der einzige freie Bauer des Dorfes Tetzlawshagen im fernen Pommern gewesen, mit einem schönen Hofgebäude und seitlichen Ställen, die meisten anderen Dorfbewohner waren in Lohn und Brot beim Gutsbesitzer angestellt. Herr Bartelt jedoch besaß dort ein relativ großes Stück Land, Kühe, Pferde und Geflügel, aber vor allem hatte er auf seinem Hof das Schankrecht mit einem kleinen Kaufladen nebenan und die Poststelle, welche daran zu erkennen war, dass ein großer Taubenschlag an der linken Seite des großzügigen Hofplatzes stand. (Freie Bauern durften in der Kirche und beim Besuch Höhergestellter den Hut auf dem Kopf behalten, alle anderen hatten ihn abzunehmen, so habe ich es jedenfalls im Burgenland in Österreich kennengelernt.) All die vielen Funktionen des Hofes mussten durch die vier Kinder und die Eltern übernommen werden. Natürlich gab es auch Mägde und Knechte, und zur Erntezeit kamen die »lustigen Polacken«, wie »Eia« sagte, als Erntehelfer dazu. Diese hatten immer einen Scherz auf den Lippen und tranken offensichtlich gerne Schnaps nach und bei der Arbeit. Vater Bartelt hatte seine Frau offenbar aus Böhmen geholt, sie konnte ausgezeichnet kochen und arbeiten, trotz ihrer kleinen und geradezu zierlichen Statur. Von ihr hatte Ella wohl all die köstlichen Knödel und Gerichte gelernt, die diese Küche ausmachen. Sie arbeitete noch lange stumm in Ellas Haushalt mit, als die Eltern im Alter zu ihr gezogen waren. Während der immer ernster werdende Vater bis zum Ende seiner Tage mit tiefen Sorgenfalten im Gesicht aufrecht auf der Bank vor dem Haus im Hof saß und offensichtlich nie aufhörte, das Pferdefuhrwerk zu lenken, das er damals im Januar 1945 über Tage unter den furchtbarsten Bedingungen auf der Flucht geführt hatte. Nie gab er seine Würde auf, selbst wenn der Kopf in einem Nickerchen zur Seite kippte. Doch er scheint die Heimat und alles das, was er verlassen hatte, sehr vermisst zu haben. So steht unter dem Grab der Eltern Bartelt einfach nur »Pommern«. Noch heute kann ich die Trauer spüren, wenn ich das Wort auf dem Grabstein lese.

Wenn ich krank war und »Eia« mich auf Anweisung meiner Mutter liebevoll mit Halswickeln oder Kamillenandämpfen im größten orangefarbenen Suppentopf der Familie oder Wadenwickeln versorgte, erzählte sie mir von der Flucht, immer wieder sprach sie darüber als das zentrale Ereignis ihres Lebens. Der Vater hatte darauf bestanden, dass erst alles aufgeräumt werden müsse, obgleich man »den Russen« schon schießen hörte. So wurde der Wagen der Familie Bartelt der letzte im Treck, nach ihnen sei die Brücke über die Oder gesprengt worden. Sie habe sich nicht umgedreht. Geweint hätten sie auch nicht, das tat man damals nicht. Der erste Teil des Trecks sei schon nahe Usedom wieder herausgewunken worden. Wie hätten sie damals die Familien beneidet, die dieses Schicksal teilten. Sie selbst wurden mit der anderen Hälfte der Dorfbewohner bis nach Westensee geschickt. Erst nach Ellas Tod habe ich begriffen, wie viele Familien damals mit ihnen hierhergekommen waren: In diesen eiskalten Januartagen des Jahres 1945 mussten sie schnurgerade nach Westen ziehen, 530 km lang, immer weiter. Als die eigenen Vorräte aufgebraucht waren, mussten sie an die Türen der Höfe klopfen und betteln, was die zuvor wohlhabenden Bauern zutiefst beschämte. Und dann hörten sie immer wieder, wenn ihnen die Tür wieder vor der Nase zugeschlagen wurde und sie unverrichteter Dinge zurückkehren mussten: »Wie hebb nix!« Sie schliefen im Sitzen, aneinandergelehnt stützten sie sich, um nicht herunterzufallen zu den Toten am Straßenrand, die keiner beerdigen konnte, da alles zugefroren war. Schreckliches sahen sie, erlebten sie vielleicht auch, alles erzählte sie mir sicher nicht, dem kleinen Kind mit dem hohen Fieber. Doch war es eine Art Entlastung, dass sie es mir berichten konnte. Und vor allen Dingen ist ja am Ende alles gut geworden: Sie kamen immerhin noch mit drei Pferden bis zum Gut Annental, hoch über Westensee, wo allerdings die Tiere nurmehr ein Gnadenbrot bekommen konnten. Doch Ella lief jeden Morgen von der nahegelegenen Siedlung, wo sie bald alle eine enge kleine Wohnung gefunden hatten, hinauf, um die Tiere zu füttern, bevor sie ihrem Tagewerk nachging.

Nicht weit entfernt vom Familiengrab der Bartelts liegen aber noch andere Gefährten meiner Kindheit: Mädchen und Jungen, mit denen ich gespielt und Geburtstag gefeiert hatte, wurden früh oder als junge Erwachsene, jedenfalls viel zu früh, aus dem Leben gerissen. Alte Fotos erzählen noch heute von glücklichen Tagen.

Erst in meinen späteren Jahren begriff ich, dass das Dorf Westensee, welches ich in den 50er-Jahren kennengelernt hatte, eigentlich von Flüchtlingen »überschwemmt« worden war, kein Wunder, wenn ein halbes Dorf aus Pommern umgesiedelt wurde. Außerdem hatten auch andere Familien Flüchtlinge aus dem Osten aufnehmen müssen, oft entfernte Verwandte, sodass ein Leben im Dorf herrschte, das heute unvorstellbar geworden ist. Kein Dachboden, kein Stall war damals unbewohnt. Mein Vater hatte jeden Tag eine riesige Runde zu fahren, wenn er seine Kranken besuchte, und das war nicht nur in Westensee, sondern in den ganzen umliegenden Dörfern so: Die nächsten Kollegen saßen in Blumenthal bei Kiel oder in Nortorf.

Das heutige Westensee ist dagegen ein Schlafdorf ohne Läden mit schicken neuen Einfamilienhäusern und sogar Investoren geworden, in dem niemand mehr sichtbar arbeitet außer in seinem Garten. Nutztiere oder gar Kühe finden sich nur noch vereinzelt. Ob meine »Eia« hier heute noch glücklich wäre?

Ruhe finden

Der Herbst ist musikalisch: Er zeigt uns das Spiel der gelben Blätter im Wind – wie schnelle Läufe auf dem Klavier, mal in der Höhe, mal in den Tiefen, Töne dazwischen, je nachdem, wo man hinträumt gegen den Himmel und die Blätter verzückt von der eigenen Bewegung auf und ab flattern sieht. Manchmal tönt mir auch ein schneller Satz der Streicher und Bläser entgegen, in langsamen Einzelklängen verlaufend, wenn ganze Blättergruppen plötzlich wie auf einen Impuls hin zu flattern beginnen und langsam wieder still werden.

Es ist schön, mit den Füßen die Blätter hoch in die Luft zu kicken, das Rascheln zu hören, wie es anschwillt beim Laufen durch den Wald, wenn sich niemand an den wirbelnden Blättern stört, auch niemand mit lautem Gebläse die natürliche Geräuschkulisse unterbricht wie in der Großstadt, aus der ich heute komme. Wenn Männer bloß ein Gerät in der Hand halten können, geht es ihnen gut: Dann nimmt man sie wahr, denke ich lästernd, noch ganz in meiner städtischen Hast gefangen. Ich komme immer wieder gerne nach Westensee zurück mit seinen hohen alten Bäumen, dem See und all den Erinnerungen meiner Kindheit auf Wegen, Wäldern und Feldern.

So ein Weg tut sich auf, sobald wir Westensee in Richtung »Blaue Wiese« verlassen. Hier lassen die schönen hohen Eichen immer wieder Ausblicke auf Wiesen und das Glockenturmhaus von Gut Bossee frei. Am Ende der Häuser führt ein Weg zu einer meiner Geheimwelten.

Hier im Buchen- und Mischwald ist es ruhig, der Wind weht nur in den hohen Baumkronen, Tierspuren, Äste und allerlei dürres Gestrüpp kreuzen den Weg – hier wird nicht aufgeräumt, der Wald und seine Bewohner dürfen sich ausleben, ob es nun Borkenkäfer oder Füchse sind. Nach einer Weile öffnet sich das Dickicht und gibt eine Lichtung frei mit einem hohen, schlichten Holzkreuz, der Friedhof der Familie von Bülow. An dem schon recht verwitterten Tor des Jägerzauns vorbei führt ein deutlich mehr befahrener Weg zum Gut, das von hier aus aber noch nicht sichtbar ist.

Innen auf dem schlicht und schön angelegten Friedhof gibt es eine Bank zum Verweilen, nachdem Name für Name gelesen, gerechnet, den

Schicksalen nachgespürt worden ist. Schon als Kind ging ich gerne hierher, es war nicht weit von unserem Wochenendhaus »Am Sandberg«. Meine besten Freundinnen durften mich hierher begleiten, ich vertraute ihnen diesen Platz an. Doch niemand schien den Zauber des Ortes so wahrzunehmen wie ich, die ich aus der Hektik der Arztpraxis und allem Druck in der Patchworkfamilie entrinnen musste. An meinen Geheimplätzen wie diesem Friedhof und anderen friedlichen Plätzen rund um Westensee erholte ich mich davon. Ähnlich ging es wohl auch »Eia«, die mir diesen Ort schon früh einmal gezeigt hatte. Dann vergaß ich ihn lange, bis ich ihn selbst wieder entdeckte. Auch später ging ich gerne bei Besuchen im Dorf dorthin, oder wir beide suchten ihn uns als Ziel unseres Spazierganges aus, als sie noch weiter laufen konnte.

»Rund um den Pudding?«, fragte ich sie meist, wenn ich kam. Ich liebte es, ihren Erzählungen von den Dorfbewohnern zu lauschen, und hatte damit das Gefühl, immer noch ein bisschen dazuzugehören, auch wenn ich immer seltener Namen mit Gesichtern verbinden konnte.

Wir starteten unseren Rundweg um das Dorf gegenüber ihrem Haus bei der »Kiebitzkate«, die schon so lange kein Café mehr ist, gingen immer mit Blick auf die neu erbaute Schule der Fünfzigerjahre die Straße abwärts. Dort auf der Wiese, die früher unser Rodelberg war, gibt es wieder ein paar Tiere – Hochlandochsen stehen meist unten an der morastigen Wasserstelle, wo sich der Weg nach Brux und zur Schule teilt.

Wir gingen langsam abwärts: »Die Beine wollen nicht mehr so recht«, hörte ich sie in ihren späteren Jahren oft sagen, doch ich wollte so gerne wieder die Freiheit spüren, die ich als Kind hier empfunden hatte, wenn ich Roller und später Rad frei laufen lassen konnte.

Immer schneller geht es abwärts, an der Natursteinmauer vorbei, auf der ich damals saß, als ich von zu Hause weggerannt war, abgehauen wegen einer Lappalie, weil ich das ständige »Gemeckertwerden« nicht mehr aushielt. Leider fand mich mein Vater in Begleitung meines Bruders sehr schnell: Mit steinernem Gesicht hielt er mir die Tür des Autos auf, in das ich einzusteigen hatte, und redete eine Woche lang nicht mehr mit mir.

Den Weg weiter hinunter kommt man sehr schnell unterhalb von »Tanti« vorbei, der Hebamme des Dorfes und Tante meiner Freundin Cornelia. Mit ihrem schwarzen Einheitsfahrrad der Frauen der 50er-Jahre sah man sie manchmal durch das Dorf radeln, doch meist schlief sie tagsüber, besonders wenn sie wieder nachts ein Kind zur Welt gebracht hatte, meist gemeinsam mit meinem Vater. Das hatte das schlaue Kind schon am Frühstückstisch mitbekommen: also auf zu Conni und zu Frau Andresens Haus – das Fahrrad nehmen, zum Sandweg hinunterrollen und dort radeln üben, das war das Höchste damals. So schwer und groß das Rad war, es gelang mir vermutlich dank meiner langen Beine nach relativ kurzer Zeit, es tretend in der Balance zu halten. Die kleine Conni hielt dagegen, so gut sie konnte. Stolz war ich: das schwarze Rad so groß und schwer, und auf die Pfützen musste man auch aufpassen! Bald präsentierte ich meiner Mutter die frohe Botschaft und wollte ihr das Erlernte auf dem Fahrrad meines Bruders demonstrieren, mit einem Bein unter der Stange durchgesteckt. Doch das führte bei ihrem ängstlichen Gemüt wahrscheinlich schneller als gedacht dazu, dass ich ein eigenes Fahrrad erhielt. Hellblau und bei Karlchen Dose gekauft, stand es an meinem Geburtstag in der Garage. Ich war selig! Aus dem Roller, inzwischen schon dem zweiten, war ich endgültig herausgewachsen, konnte ihn an meine drei Jahre jüngere Schwester weitervererben. Damit gehörte ich zu den Großen! Ich konnte mit Jochen, meinem sechs

Jahre älteren Halbbruder, manchmal mitfahren, wenn er mich mitnahm, bis nach Wrohe dehnten wir bald unsere Touren aus. Als er später keine Lust mehr hatte und ganz im neu entdeckten Segeln in Kiel aufging, fuhr ich alleine auf Tour, wobei ich selten einem Menschen begegnete, fand neue Lieblingsplätze, an denen ich stundenlang saß und träumte.

Neue Heimat finden

Als ich meine Freundin Anne an ihrem ersten Schultag auf dem langen Weg vom Pfarrhaus zur Schule begleitete, war ich genauso aufgeregt wie sie, glaube ich. Doch man merkte es ihr nicht so an wie mir Zappelphilipp. Auf einmal war das Kind mit den langen weiß-blonden Zöpfen und der dicken Wollstrickjacke an diesem sonnigen Frühlingstag von einer Würde erfüllt, dass sie mir plötzlich fremd wurde. Schweren Herzens trennte ich mich von ihr vor der Schultür, die sie stolz mit ihrer Schultüte im Arm durchschritt. Sie war in eine neue Welt eingetreten, die mir, der ein Jahr Jüngeren, noch verschlossen war. Traurig blieb ich draußen stehen und malte mir aus, was drinnen für spannende Dinge passieren würden. So gerne wäre ich ihr gefolgt, doch der mütterliche Kopf hatte es anders entschieden: Meine eigene Einschulung erfolgte erst ein Jahr später in der Hardenbergschule in Kiel – in Wintermantel, Mütze und blankgeputzten braunen Schuhen unter den schon wieder zu kurz gewordenen karierten Hosen. Das Kind auf dem Mäuerchen des alten Gebäudes aus dunklem Klinker mit der spitzen, glänzenden Schultüte lächelt in die Kamera. Doch das ganze Szenario wirkt eher düster. Ich habe keine Erinnerung an diesen Tag – ausgelöscht – überdeckt von den vielen Veränderungen in unserem Leben durch den Umzug nach Kiel.

Das damals zu stemmen, muss eine logistische Meisterleistung gewesen sein, stelle ich heute neidlos fest: waren doch mit dem Umzug auch die Aufgabe der Landpraxis verbunden und die Übernahme eines Hausarztsitzes in Kiel-Wik. Die Kassenärztliche Vereinigung verlangte damals wie heute einen Kieler Wohnsitz bei Praxisübernahme, und so zog mein Vater übergangsweise in das Dachstübchen im Haus einer verwitweten Arztfrau in der Holtenauer Straße. Wir vier Kinder zogen mit meiner Mutter nicht weit davon entfernt in eine gerade fertiggestellte Wohnung in einem Wohnblock am Belvedere hinter der Tankstelle. Meine kleine Schwester und ich bekamen das größte Zimmer – zum Spielen, wie es hieß –, meine beiden sechs und elf Jahre älteren Halbgeschwister das kleine, düstere Zimmerchen mit dem Ölofen, meine Mutter schlief im Wohnzimmer auf der Couch, wo auch der Kachelofen stand, der im Winter jeden Morgen geheizt werden musste. Niemand mehr zum Helfen für meine Mutter, Ella und Hans im fernen Westensee, was ihre Laune nicht gerade hob.

Viele Erinnerungen habe ich nicht an diese Zeit: Es gab einen schönen Spielplatz mit Klettergeräten und Sandkiste auf der Rückseite des großen roten Backsteingebäudes am Anfang des Düvelsbeker Weges für die vielen Kinder, die in den Blocks lebten. Bald bildete sich eine Kinderbande, die Indianer spielte – meistens »gegen« den Hausmeister, den wir »Adlerauge« getauft hatten, da er alles mitbekam. Die Schule war interessant und machte Spaß, doch der Verlust meiner »Eia« und des Dorfes mit seinen Menschen, den gewohnten Wegen und Geheimverstecken – ich war sehr traurig.

Möglicherweise ging es meinem Vater ähnlich, und so wurde nach zwei Jahren trotz der Fertigstellung der neuen, übereinanderliegenden Wohnungen in der Projensdorfer Straße, in die als Erstes unten die neue eigene Hausarztpraxis einzog und später oben wir, ein Wochenendhaus in Westensee geplant und umgesetzt. Die alten Beziehungen meines Vaters zum Dorf hatten es möglich gemacht. So waren wir zumindest am Wochenende wieder in unserer gewohnten Umgebung. Ich konnte meine Fahrradfahrten zu »Eia« und meinen Geheimplätzen wieder aufnehmen oder nahm jetzt häufig meine herangewachsene kleine Schwester mit zum Spielen in Wald und Feld hinter unserem neuen Haus, wo wir an den Bächen am Fuße der Hügel und den hohen schwingenden Ästen der ausgewachsenen Knicks beim Schaukeln unsere Freude hatten. An einen Schneewinter erinnere ich mich, in dem wir sogar einen Iglu bauten, der uns Schutz gab. Natürlich war ich mit meinen langen Beinen beim Überklettern der Stacheldrahtzäune immer im Vorteil. Aber dann konnte ich der Kleineren helfen, selber den Weg hindurch zu finden.

Wie oft fuhr ich als Erstes mit dem Fahrrad zu Tante Ella, bedankte mich auf Geheiß meiner Eltern für die bereitstehenden Schüsseln mit den Erdbeeren und dem Spargel, die sie für uns schon bei Tagesanbruch gepflückt oder gestochen hatte und die in der Küche unseres Häuschens auf uns warteten, oder den Kuchen.

So riss unser Band nicht ab, auch nicht, als wir in meinem fünfzehnten Lebensjahr den großen Sprung nach Süddeutschland machten: Wie oft kam ich zu ihr zu Besuch, mein ganzes Leben hindurch, bis sie 2011 starb. Die vielen Fahrten von Süd nach Nord und zurück mit meinen ersten Autos als Studentin habe ich in dankbarer Erinnerung. Nur das letzte gab irgendwann zwischendurch seinen Geist auf, als ich sie aus Westensee regelrecht entführte, zum 75.

Geburtstag meines Vaters. Reisefreudig war sie nicht, wer kann es ihr verdenken nach all dem, was sie erlebt hatte.

Sie lehnte auch kategorisch ab, wenn ich sie zum wiederholten Male fragte, wann sie denn mit einer der Busreisen, die damals in den 90er-Jahren üblich waren, noch mal in ihre alte Heimat fahren würde. Als ich ihr spontan bei einem unserer vielen Telefonate einmal vorschlug: »Und fährst du mit mir? Lass uns doch gemeinsam fahren«, da kam es wie aus der Pistole geschossen zurück: »Ja, mit dir trau' ich mich!« So plante ich an einem schönen verlängerten Frühlingswochenende des Jahres 2000 unsere große Reise: Ich hatte in Kamien, heute Kamień Pomorski, auf ihr Geheiß hin im besten Hotel ein Zimmer gebucht und hatte mir Kartenmaterial besorgt. In dieser Hochzeit der Autodiebstähle war mir allerdings gar nicht wohl dabei, mit meinem relativ neuen Familienauto ins damalige Polen zu fahren. Doch mit entsprechenden Vorsichtsmaßnahmen ging alles gut.

Nie werde ich vergessen, wie sie auf dem Weg von der Grenze zu ihrem Heimatdorf Geschichte um Geschichte erzählte, die ich alle noch nicht kannte: von dem Gutsbesitzer, der in einer Nacht all sein Hab und Gut am Spieltisch in Berlin verspielt hatte, von ihrem Onkel, dem reichen Mühlenbesitzer in einem Dorf auf dem Weg. Fünf Töchter hatte er, die alle Suizid begingen, gemeinsam mit der Mutter, nachdem die »Russen« über sie »drübergegangen« waren, so hieß es damals. Immer wieder schaute Ella auch nach den Friedhöfen an den Kirchen. Doch dort war alles eingeebnet, niemand hatte Interesse daran gehabt, die deutschen Gräber zu pflegen. Als wir schließlich nach langer Fahrt in ihrem Dorf ankamen, war sie erschüttert über das allseits herrschende Braun und Grau der verfallenen Gebäude, das nur von wenigen bereits renovierten Häusern unterbrochen wurde. Wie wir vor ihrem Hoftor standen, gab sie einen Laut der Enttäuschung und des Schmerzes von sich, den ich auch nie vergessen werde: »... und wir hatten doch alles so ordentlich hinterlassen. ... Und wir haben dem Neuen doch immer schon Geräte mitgeschickt ...« Zu ihrem großen Glück hatte eine jüngere Nachbarin »Eia« von ihrem Garten aus beobachtet, machte sich über den Zaun bemerkbar und winkte uns in ihre Stube hinein, mit uns nur halb verständlichen Sätzen von »Oma« und »Deutsch«. Als wir dort etwas schüchtern Platz nahmen, stand eine sehr liebe alte weißhaarige Frau im Hintergrund der halbdunklen Stube auf und sprach uns auf Deutsch an. Sie sei die Schwiegermutter der jüngeren Frau und früher in Deutschland mehrere Jahre lang als Serviermädchen tätig gewesen. So beantworteten die beiden Frauen die vielen Fragen, die Ella hatte, und konnten ihre Enttäuschung offenbar verstehen. Es gelang ihnen, mit dem jetzigen Besitzer, einem jüngeren, offensichtlich kranken Mann, eine Hausbesichtigung zu vereinbaren, sodass Ella nach 55 Jahren noch einmal ihre alte Heimat betreten und in sich aufnehmen konnte: den windschiefen Taubenschlag, der mir als Symbol des allgemeinen Verfalls vor allem in Erinnerung geblieben ist, den eingebrochenen Dielenboden hinter der Eingangstür. Die Bilder dieses inzwischen so heruntergekommenen Hofes ließen Ella unsere ganze Fahrt über und auch lange danach nicht mehr los. Sie beruhigte sich erst, als wir am Abend in unserem Zimmer in Kamien saßen und einen wunderschönen Sonnenuntergang über dem Bodden erleben durften.

Am nächsten Tag genoss sie es auf eine ganz eigene Art, nochmals am Ostseestrand zu sein und den weichen, weißen Sand durch ihre Finger rieseln zu spüren. Das war ein Moment der Freude, den ich genauso wenig vergessen werde. Der reiche Mühlenbesitzer-Onkel war mit seinen Töchtern und deren Cousins und Cousinen vom Hof in Tetzlawshagen im Sommer öfter mit einem Pferdefuhrwerk, später im Wagen zum Strand gefahren und hatte den Kindern auf diese Weise ein schönes und bleibendes Erlebnis beschert.

Sehr still war sie auf unserem Weg zurück, obgleich die Sonne an diesem Wochenende zu Fronleichnam so schön die üppig blühenden Weißdornbüsche am Rande der Autobahn beschien, aus denen man Herzmedizin macht. Ella war zu bewegt, um zu sprechen. Lange danach fragte ich sie, was denn jetzt ihre Heimat sei. Da kam ihre Antwort so prompt, dass ich mich freute: »Na Westensee natürlich«, sagte sie. Und so steht es auch heute auf ihrem Grabstein zu lesen, den sie für ihren Mann, den nach sowjetischer Kriegsgefangenschaft spät heimgekehrten und schon kranken Karl Dzubiel, und sich hat setzen lassen. Lange hatte sie ihn nicht, doch auch für ihn, kann ich mir vorstellen, bedeutete ihre liebevolle Pflege bis zu seinem frühen Ende eine Art Heimat im fremden Land.

Ich selbst habe in meinem Leben früh und häufig meinen Lebensraum gewechselt und auch Menschen wieder verlassen: Anfangs weil ich musste, später ging ich selbst, weil es nicht mehr in mein Leben passen wollte. Manches tat weh, manches war eine Befreiung. Manchmal brauchte ich Hilfe dabei. Doch am Beispiel von Ella lernte ich, mich auf Lebensräume und Menschen einzulassen, ich fand neue Heimat an Orten und auch bei Menschen, lange im Süden. Ich habe verstanden, dass es gut ist, Heimat zu verlassen, um zu wachsen und seinen eigenen Weg einschlagen zu können. Doch wenn das besonders früh und gegen den eigenen Willen geschieht, fällt uns das sehr schwer und wir hängen lange an unseren Erinnerungen und Bildern mit ihrem hellen Glorienschein, wie festgefroren. Aber möglich ist es immer, die Iren sagen: »Home is where my heart ist.« Und da scheint etwas dran zu sein. Vielleicht ist es nicht leicht, die Bilder unserer frühen Kindheit loszulassen, so wie ich es lange traurig nicht vermochte. Heute kann ich ruhig über den Westenseer Friedhof laufen, kann mich liebevoll an die Menschen meiner Kindheit erinnern, kann mir Geschichten zusammenspinnen über Namen, die mir irgendwie vertraut sind, die Gräber. Ich freue mich darüber, dass er noch da ist und so schön. Doch meine jetzige Heimat ist Hamburg, wo ich inzwischen lebe und arbeite und mich lebendig fühle.

Meine alten Erlebnisse und Geschichten werden mit mir untergehen, genau wie unser altes Westenseer Haus, das wahrscheinlich einem, wie man damals sagte, »heißen Abriss« zum Opfer fiel, d. h. einem Brand kurz nach dem Besitzerwechsel und längst von drei Reihenhäusern ersetzt ist. Ich laufe die Dorfstraße hinunter unter den hohen alten Bäumen wie eh und je, hänge meinen Gedanken nach und genieße wieder die Ruhe des Dorfes meiner Kindheit. Doch meine Heimat ist heute dort, wo ich lebe.

Kindergottesdienst in St. Catharinen

Beim Betreten der roten Backsteinkirche aus dem 13. Jahrhundert öffnet sich der Raum des Turmhauses mit quadratischer Grundfläche. Der Blick geht nach oben, hangelt sich an den frei hängenden Seilen zu den Glocken hinauf.

Dort machte sich der Küster in meiner Kindheit manchmal den Spaß, die Jungs zum Läuten aufzufordern, obgleich es selbst für einen Erwachsenen kaum möglich war. Alle wollten, doch kaum einem gelang es, mit den Füßen am Boden das Gewicht der Glocke am Seil zu sich herzuziehen und im nächsten Moment dem Schwung des Läutens standzuhalten, ohne vom Boden hochgerissen zu werden. Manchmal durfte ein leichtes Kind, das vom Küster hochgehoben wurde, glückselig das Auf-und-ab-Schaukeln des Seiles mitmachen.

Ich ging gerne in »meine« Kirche, wie ich sie später heimlich nannte, war sie doch in meinem Kosmos das erste Gotteshaus, das ich kennenlernte, und dasjenige, an dem ich alle weiteren in meinem Leben maß – egal wie groß und prächtig sie auch waren. Das Haus, in dem Gott wohnt, steht in Westensee.

Besonders liebte ich es, mit meinem Bruder zum Kindergottesdienst zu gehen. Immerhin – auf dem Weg gehörte er einmal (!) kurz mir, da meine Mutter zwischen uns Kindern eine Rangordnung und Grenzen errichtet hatte, wo keine waren, wohl um die Erziehung ihrer Kinder ganz alleine in der Hand zu haben. Dazu gehörte auch, den Kontakt unter uns Kindern möglichst zu verhindern. In der Kirche gesellte sich Jochen schnell zu den großen Jungs, die er aus der Schule kannte. Da war ich dann peinlich. Ihn fragte ich unter Umgehung der mütterlichen Absichten mit Vorliebe, wenn ich etwas zu Hause oder mit Captain Gordon, »seinem« Comic in den Kieler Nachrichten, oder eben im Kindergottesdienst nicht verstanden hatte. Er war meine oberste Instanz für Familienfragen. Geduldig versuchte er, meinen Wissensdurst zu stillen. So ein großer Bruder ist Gold wert.

Dabei ging es oft weniger um den Inhalt unserer Kinderpredigt – was Pastor Paulsen sagte, war Gesetz! Vielmehr interessierten mich die aufgestellten Grabplatten der Adeligen von den Gütern rund um den Westensee an der Wand des Langschiffes und das Epitaph des Daniel von Rantzau[3]. Ihre mittelalterliche Darstellung erschien mir wie die leibhaftig gewordenen Gestalten aus den Märchen und Sagen unserer Bücher. Voller Mitgefühl ruhte mein Blick auf den »abben« Beinen des dänischen Ritters aus weißem Marmor, dessen Kopf für ewige Zeiten auf hartem Steinkissen ruhen musste – niemals weich einsinken durfte. Statt seiner Unterschenkel und Füße stand da nur ein quadratisches Kästchen, auf dem sein marmorner Helm lag. Die drei Säulenfiguren über ihm erschienen mir wie Heilige aus dem Morgenland, die ihn bewachen sollten. Vor lauter intensivem Nachdenken über all dieses Fremde und auch bei anderen unverständlichen Dingen fiel mein Kiefer in dieser Zeit oft herunter, was meinen Bruder zu der wiederholten Aufforderung veranlasste: »Mala, Mund zu! Die Milchzähne käsen!«

Doch natürlich nahm ich auch wahr, was gesprochen wurde: Die Geschichten aus dem Alten Testament, von Jesus, wie ich sie schon aus meiner Kinderbibel kannte, interessierten mich sehr. Diese war ein Geschenk meines Großvaters aus mütterlicher Linie im Harz, den ich sehr liebte und gerne besuchte. Auf seinem

Schoß zu sitzen, war der sicherste Platz meiner ganzen Kindheit.

Besonders hatte es mir außerdem das »Vaterunser« angetan, das die Großen schon mitbeten konnten, wir Kleinen noch nicht können mussten. Das lange Gebet mit den teilweise unverständlichen Worten erschien mir wie eine Magie gegen das Böse in der Welt, sodass ich es unbedingt beherrschen wollte. Daher bat ich meinen Bruder auf dem Rückweg immer wieder, mir die noch fehlenden Zeilen vorzusagen, bis ich es schon früh selbst sprechen konnte. Inständig betete ich es abends im Bett, nach dem Kindergebet mit meiner kleinen Schwester ganz für mich alleine, damit meine Eltern endlich aufhörten, im Wohnzimmer, an dessen Wand mein Bett stand, zu streiten. Vor lauter Angst davor, auch sie könnten sich scheiden lassen und uns beide Kleine mit unserer Mutter alleine lassen, bat ich Gott um einen Deal: fünf »Vaterunser«, ohne einzuschlafen – und es würde nichts geschehen. Daran lässt sich leicht erkennen, wie Kinder bereits mitarbeiten am Glück und Geschick ihres Umfeldes.

Als ich Jahrzehnte später vom Notariat in Lörrach nach dem Tod meiner hochbetagten Mutter wegen eines Testamentes angerufen wurde, schlug ich dieses Erbe vorsichtshalber lieber aus. Dabei erfuhr ich, dass es im Laufe der Jahre insgesamt acht Testamente gegeben hatte. Auch Notare müssen leben, dachte ich mir damals, oder hatte dieser Notar etwa als eine Art »Paar-Coach« fungiert, der mit meinen Eltern den kleinsten gemeinsamen Nenner ihres letzten Willens immer wieder neu herauszuarbeiten hatte, achtmal, als der Haussegen wieder einmal schief hing? Manche Dinge gehen mit uns unter und das ist gut so.

Doch zurück zu Pastor Paulsen, dessen Name mich immer an das damals gängige Abführmittel erinnerte, das auch uns Kindern bei Bedarf verabreicht wurde: Pastapalm. Da im nordischen Sprachduktus die Worte lang- und ineinander gezogen werden, mag diese Assoziation verständlich sein: »PastäPaulsn«. Nie vergessen werde ich, wie ich es an einem Samstag – »Sonnamb'«, wie es hier heißt – miterleben durfte, als der Pastorenkragen von der Wäscherei in Kiel oder Nortorf vorbeigebracht wurde. Wieder stand ich in der Eingangshalle des schönen alten Pfarrhauses mit offenem Mund und beobachtete, was sich vor meinen Augen abspielte: das Anliefern einer weißen Pappschachtel wie für eine Torte. Doch in dieser lag der fein säuberlich gestärkte und plissierte weiße Prachtkragen, der auf dem schwarzen Talar an Feiertagen als Zeichen einer höheren Würde dieses Pfarrers getragen wurde, was man mir sehr viel später erklärte.

Was war dagegen der weiße Kittel meines Vaters »popelig«, doch immerhin waren in der Brusttasche neben dem Kuli die kleinen Sägen für die Ampullen zu finden, während unten das Stethoskop mit seinen roten und metallenen Teilen hastig hineingestopft herausragte.

Paulsens hielten meinen Eltern übrigens noch über Jahre auch im Süden die Treue: Hatte man sich in Westensee gelegentlich eingeladen zu Schnittchen, Petit Fours und Wein – »Ach nein, Elisabeth/Gisela, wie reizend!«, schallte es dann durch das Haus zu uns lauschenden und kichernden Kindern hinter der einen Spaltbreit geöffneten Tür unseres Kinderzimmers –, so kamen sie noch lange alle zwei bis drei Jahre im Sommer auf einer Reise nach dem Süden vorbei. Das ging nie vonstatten, ohne ein Taschenbuch meist neuer deutscher Literatur für mich mitzubringen, was meine damalige Bibliothek wachsen ließ. Das Letzte, das ich erinnere, war von Peseschkian: »Der Papagei von Venedig«, eine gute und bleibende Wahl. Was gesprochen wurde, war nicht für Kinder bestimmt, diese hatten selbstverständlich sofort nach der artigen

Begrüßung mit Knicks oder Diener das Wohnzimmer zu verlassen.

Himmel und Hölle am Dorfplatz

Mein Roller ermöglichte es mir, meine Freundin Anne alleine zu besuchen, die Tochter von Fischer Früchting am anderen Ende des Dorfes. Auf dem Fußweg, der meist leer war, da ja alle arbeiteten, war ich mit ein paar Schwüngen meiner langen Beine an den Geschäften und dem einzigen in die Straße hineinragenden Haus vorbei und schon bei der Kirche. Von hier aus konnte ich bereits das Feuer in der Schmiede am anderen Ende des Dorfplatzes durch das Torhaus leuchten sehen. Wie magisch angezogen fuhr ich näher heran und stellte mich in gebührender Entfernung auf. Von dort schaute ich dem Hantieren des Schmiedes zu, der geschützt von seiner dunklen Schürze und Kappe aus Leder geschäftig mit seinen langen Eisen zwischen Feuer und Amboss hantierte. Erst warf er die Hufeisen ins Feuer, und wenn sie rot glühten, angelte er sie wieder heraus und trug sie vorsichtig zum Amboss, wo er sogleich begann, sie unter Hämmern zu schmieden. Ein mächtiger Mann musste das sein, dachte ich mir, er musste in guter Beziehung zum Teufel stehen, denn mir war damals ganz klar, dass sein Feuer bis hinunter zum Höllenfeuer reichte, und davor hatte ich großen Respekt. So ganz rein war meine Seele nämlich nie, wenn ich an all die kleinen Notlügen und Unwahrheiten dachte, die sich mein Kinderkopf zur Beruhigung des mütterlichen Forschungsdranges zusammengereimt hatte. Meistens kam mir meine Mutter dabei auf die Schliche, wenn ich gegen eine ihrer strengen Regeln verstoßen hatte, oder der Dorftratsch trug mein Tun in die Praxis.

So stand ich verbotenerweise – denn auch der Kontakt zu den meisten Dorfbewohnern war mir verboten – meist lange gebannt vor der Schmiede, wobei mein Gesicht von der Hitze des Feuers immer heißer wurde, und hörte den kurzen plattdeutschen Sätzen des Schmiedes und seiner Kundschaft zu, in denen oft genug vom »Düvel« die Rede war.

Wenn das Pferd dann beschlagen wurde, ging ich lieber noch ein bisschen weiter zurück, man wusste ja nie, ob es ausschlagen würde, wenn die Männer an seinen Hufen hantierten. Ob ihm das nicht genauso wehtat, wie wenn Vati mit den noch heißen Instrumenten aus dem Sterilisator ankam, um eine Wunde zu nähen oder einen Splitter zu entfernen?

Doch meist stand das Tier ganz ruhig auf drei Beinen vor dem Schmied am Zügel seines Besitzers, hielt das vierte elegant abgeknickt und auf dem Knie des Handwerkers abgestützt. Dieser hämmerte das noch heiße Eisen mit ein paar gezielten Schlägen am Huf fest, meist ohne dass das Tier sich wesentlich rührte. Schon richtete der Schmied sich wieder auf, das Bein des Tieres glitt an seiner Schürze abwärts und es stand wieder fest am Boden, trippelte höchstens ein bisschen nach.

Nun musste ich aber weiter, sonst hätte die Fischersfrau vielleicht bei meiner Mutter angerufen und nachgefragt, wo Mala denn blieb.

Anne hatte eine Tolle auf dem Kopf, die von einem Kamm gehalten wurde, diese sah ein bisschen wie eine Schaumrolle aus. Daran konnte man sie auch von meiner Freundin Ane Paulsen unterscheiden, die lange Zöpfe hatte und inzwischen schon in die Schule ging.

Wir beiden Jüngeren spielten gerne am Abhang unter dem Knick gegenüber der Kate am See, wo die große Familie auf kleinem Raum lebte. Das

Fischerboot lag am Ufer, strenges Betretungsverbot, denn es diente ja dem Broterwerb des Vaters für seine Familie und es war ohne Erwachsene oder zumindest meinen Bruder gefährlich und nass am See, außerdem gab es Ärger, wenn man mit aufgeweichten Schuhen zu Hause ankam.

Der recht steile Knick mit seinen hervorstehenden, teilweise rund gewachsenen und krummen Wurzeln auf der Böschung zur kaum befahrenen Straße gab unserer Fantasie Raum und Nahrung: Mit und ohne Puppen spielten wir dort stundenlang, manchmal kam ein anderes Nachbarkind dazu. Hatten wir schließlich Hunger, liefen wir zu Annes Mutter ins Haus, die uns mit Zuckerbrot versorgte – eine Köstlichkeit meiner Kindheit, allerdings streng verboten zu Hause! Doch auch ohne dieses waren meine Milchzähne voller Löcher, selbst die bleibenden noch, ich wurde ein häufiger Patient bei unserem Zahnarzt, Herrn Dr. Pössel, der seine Praxis in Kiel hatte, obgleich er nicht weit von unserem Haus entfernt Richtung Annental in einem kleinen weißen Haus wohnte. Der Ausflug in die Stadt entschädigte etwas, aber die Schmerzen beim Bohren in den Zähnen sind mir noch gut in Erinnerung, zumal es ja die weite Fahrt nicht lohnte, nur einen Zahn mit Amalgam zu versorgen. Immerhin gab es hinterher einen »Bonschä« zum Lutschen als Belohnung – heute würde man das Kundenwerbung mit unlauteren Mitteln nennen.

Vielleicht hat sich in meinen löcherigen Zähnen neben den Süßigkeiten auch die Sparsamkeit meiner Mutter niedergeschlagen, die ihre Kochkünste aus »Dr. Oetkers Nachkriegsküche« bezog, wenn sie manchmal am Herd stand. Dies allerdings verabscheute sie eigentlich als unter ihrem Niveau. Mein aufdringliches Längenwachstum blendete sie wahrscheinlich einfach aus, es widersprach ihrem preußischen Grundsatz: »Wohne über deinem Stand, kleide dich nach deinem Stand und iss unter deinem Stand«, hieß es bei ihr. Wie gut, dass es Früchtings und Ella gab, um meinen ständigen Hunger zu stillen, denn sich selbstständig etwas aus der Speisekammer zu nehmen, war natürlich streng verboten.

Es gab auch merkwürdige Leute im Dorf. Da das »um 13:00 Uhr gibt's Mittach« bei uns zu Hause ein ehernes Gesetz war, musste ich mich rechtzeitig auf den Weg machen, um pünktlich zu sein, wo immer ich auch war. Auf der Strecke zurück vom Fischerhaus gab es ein bedrohliches Hindernis, an dem es vorbeizukommen galt. Das war der Hofhund einer Frau in einem Haus neben der alten Schule am Dorfplatz. Ihr Schäferhund war ein böses Tier an einer langen Leine, an der es wütend bellend und kläffend fast den ganzen Platz bis zum Eingang des Gasthofes beherrschte. Ich hatte große Angst vor ihm und traute mich oft lange nicht, an dieser Ausgeburt der Hölle vorbeizugehen oder schnell zu rollern. Wenn seine Besitzerin aß oder kochte, war er drinnen, das hatte ich bereits herausgefunden, doch wenn ich diesen Zeitpunkt verpasste, kläffte mich der Hund so wütend an, dass ich lange Zeit wie angewurzelt stand und mich nicht vorbeitraute.

Hilfe suchend blickte ich mich um. Doch um die Mittagszeit war das Dorf wie ausgestorben. Ganz nah sah ich die gefletschten Zähne und den roten Rachen dicht vor meinen Augen – in höchster Angst starrte ich den Hund wie gebannt an, bis mein Blick plötzlich einen Moment lang seitlich abglitt auf das Fenster des Hauses im Hintergrund, wo sich gerade etwas bewegt hatte: Die Hundebesitzerin saß hinter der halb geöffneten Gardine und lachte, lachte das verängstigte Kind aus. Als ich das sah, packte mich die Wut und ich nahm all meinen Mut zusammen, gab meinem Roller einen festen Abstoß mit dem Fuß und fuhr vorbei – seit dieser Zeit hatte ich Angst vor Hunden, obgleich mein Vater immer wieder von seinem Schäferhund Lars schwärmte, den er im Krieg bei seiner ersten Frau und meiner älteren Schwester zurückgelassen hatte. Dieser hat gemeinsam mit Gretel Clausen, der Tochter vom Tischler, Marlis wohl das Leben gerettet, als englische Tiefflieger die Dorfstraße mit den spielenden Kindern beschossen, indem er mithalf, das Kleinkind rasch in den ausgehobenen Graben zum Schutz der Bevölkerung neben der Straße zu zerren.

Der Westenseer Dorfplatz mit seiner alten Linde und der Bank darunter an der damaligen Bushaltestelle, wo abends die Jugendlichen lachten und lümmelten, hielt also wesentliche Lehren des Lebens für mich bereit: »Himmel« – repräsentiert durch die große Kirche und das neben ihr auf der anderen Straßenseite etwas tiefer gelegene Pfarrhaus, das für Bildung und Moral stand, gegenüberliegend hinter dem Torhaus mit der Feuerwehr die »Hölle« der Schmiede, dazwischen links das Gasthaus mit Stammtisch und seiner offenen Tür sowie gegenüber das Haus mit einem bösen Menschen, der einem nichts gönnte und sich auch noch einen Spaß aus dem Leiden anderer machte.

Sterben in Westensee

Zu unserer Morgenroutine gehörte es auch, vor dem Frühstück einen Besuch bei Opi zu machen, der in seinem Zimmer im ersten Stock mit einem Fenster zum Garten im Lehnstuhl saß.

Wir Kleinen wurden an der Hand unserer Mutter oder von Ella hineingeführt: »So, gib Opi mal ein Küsschen« hieß es dann, was ich ungern tat. Mich störten seine kratzige Wange, da Ella ihn nur alle zwei Tage nass rasierte, und sein unvergesslicher Geruch von »alter Mann«, wie ich ihn bei mir nannte. Ganz schnell machen war daher nötig.

Als größeres Kind übernahm ich die Morgenbesuche alleine, hielt sie aber möglichst kurz, da er selten mit mir redete, aber immer versuchte, mich auf den Mund zu küssen oder auf seinen Schoß zu ziehen, wo etwas Hartes das Sitzen ungemütlich machte, ganz im Gegensatz zu meinem Großvater im Harz, in dessen Schoß ich Frieden und Ruhe fand.

Jahre später erzählte mir Marlis, dass Opi bei ihr noch weiter gegangen sei bis zu Berührungen mit der Hand, so flink wie sie auch versuchte, sich ihm zu entwinden. Anschließend sei sie, die eigentlich Schüchterne, in die Praxis zu unserem Vater gegangen und habe ihm erzählt, dass Opi etwas gemacht habe, was nicht in Ordnung war. Daraufhin sei unser Vater sofort mit wehendem Kittel die zwei Etagen hinaufgerannt, habe die Tür zum Zimmer seines Vaters aufgerissen und diesen angebrüllt: »Was hast du gemacht? Ich sage dir: nicht in meinem Haus!« Offenbar gab es hierzu eine Vorgeschichte, die wir nicht kannten. Wir wissen nur, dass die älteste Schwester meines Vaters, Ingeborg, in ihrem 16. Lebensjahr an einer schweren Infektion verstarb, was ihrer Mutter, also unserer früh verstorbenen Oma, das Herz gebrochen habe.

Auch meine Mutter mochte diesen alten Mann nicht, das spürte ich genau, obgleich sie nichts sagte: Bei ihr ging es wohl eher um seine Liebschaft im Dorf, die sie missbilligte. Das sah Ella pragmatischer: »Was soll er denn machen, er hat ja sonst nichts« war ihr Kommentar dazu.

Eines Morgens kurz vor unserem Umzug nach Kiel stand ich morgens in der Diele im Erdgeschoss, als meine Mutter später als gewöhnlich die Treppe hinunterkam – ganz in schwarz gekleidet. Als ich sie danach fragte, antwortete sie nur kurz, dass Opi heute Nacht gestorben sei, was ich trotz allem mit Erschrecken und Traurigkeit zur Kenntnis nahm. Beim Frühstück im Wohnzimmer beobachtete ich meine Mutter daher heimlich ganz genau, um mitzubekommen, wann sie anfangen würde zu weinen, denn Sterben und Weinen gehörten doch zusammen, das kannte ich von Ella, die ich immer wieder mal weinen sah, weil jemand nun »totgeblieben« war, den sie gekannt und gemocht hatte. Merkwürdigerweise passierte bei Mutti nichts. Als ich vorsichtshalber nochmal nachfragte, schaute sie mich nur undurchdringlich an, gab einen kurzen leisen »Grunzlaut« von sich und bestrich weiter ihr Graubrot. So lernte ich, dass Tod und Traurigkeit offenbar doch nicht unauflöslich miteinander verbunden sind. »Weinen macht hässlich«, sagte meine Mutter immer, wenn ihr tatsächlich mal ein paar Tränen in ihre ständig entzündeten Augen stiegen, und wischte sie mit ein paar energischen Strichen mit dem immer im Ärmel steckenden Taschentuch ab. Mir aber, die sie dabei ganz genau beobachtete, waren sie kostbar.

Jahre später war es auch bei Herrn Dzubiel, Ellas Mann, soweit, dass er seiner schweren Lungenkrankheit aus der russischen Gefangenschaft erlag. Viel zu früh, wie sie immer wieder sagte, musste Ella ihn wieder hergeben. Sie hatten doch gerade erst vom Lastenausgleich das Haus an der Dorfstraße mit den glänzenden Rotklinkern gekauft und mit der Renovierung begonnen. Über Wochen hatte sie ihn mit all ihrer Liebe und Fürsorge gepflegt, die nun nur noch in seine Aufbahrung und Beerdigung fließen konnte, wie sie es von zu Hause in Pommern kannte.

Ich war etwa zehn, als ich an diesem Sonnabend Nachmittag an ihrer Haustür klingelt, da hinten abgesperrt war. »Ach Malchen, komm' man rein, schön, dass du kommst. Komm' mal mit zu Herrn Dzubiel, er liegt hier gleich nebenan und sieht so schön und friedlich aus.« Ich zögerte etwas, doch diese Worte beruhigten mich und so folgte ich ihr in das ausgeräumte Zimmer gleich neben der Eingangstür. Wenn ich es doch nicht getan hätte!

Da lag nun der erste Tote meines Lebens in seinem besten weißen Hemd in duftiger gestickter Bettwäsche und hatte die Hände über seiner Brust gefaltet. Tatsächlich sah das mir vertraute eingefallene Gesicht deutlich entspannter aus: Er muss nun nie mehr husten, dachte ich bei mir und hörte kaum, was Ella erzählte vom Waschen und Ankleiden des Verstorbenen. »Verabschiede dich ruhig von ihm«, forderte sie mich auf, noch ganz in ihrem Ordnen und Tun um ihren Mann gefangen. So traute ich mich, vorsichtig seine Hand zu berühren – und spürte die Todeskälte. Da erst durchfuhr mich ein Schrecken bis ins Innerste meiner Selbst. Schnell verabschiedete ich mich von Ella, wollte auch nichts von ihrem angebotenen Kuchen probieren, kaum dass ich noch die Blumen wahrnahm, die sie liebevoll um seinen Kopf und Oberkörper gelegt hatte, so, wie sie immer an meinem Geburtstag den Platz am Esstisch umkränzt hatte.

Für den Rest des Tages verkroch ich mich an einem Geheimplatz im Wald. Mit meinen Eltern konnte ich nicht sprechen – wer weiß, welches ihrer strengen Gebote ich wieder übertreten hätte. Am Ende hätten sie noch mit Eia geschimpft. So quälte ich mich eine ganze Nacht lang, konnte nicht einschlafen, sah dauernd den eiskalten Herrn Dzubiel vor mir liegen, schreckte im Halbschlaf immer wieder hoch. Bilder von Krieg und Tod, Gedanken voller Schuld- und Schamgefühle rasten durch meinen Kopf und hielten mich vom Schlaf ab. Am Morgen stand ich auf und war erwachsen.

Anmerkungen

1 *Knick:* ein mit Büschen oder Baumsetzlingen bepflanzter niedriger Erdwall, der in Schleswig-Holstein gleichermaßen als natürliche Grenze und Windschutz dient. Kleintieren und Insekten dient er als Wohnraum. Er muss regelmäßig alle paar Jahre „auf den Stock gesetzt«, d. h. heruntergeschnitten werden bis kurz über dem Boden, da er sonst zu stark auswächst und zum Hindernis wird.

2 *Vogelschießen-Fest:* ein alter Schützenwettbewerb, bei dem ein hölzerner Vogel auf einer hohen Stange mit einer Schusswaffe, traditionell Armbrust, abgeschossen werden muss. Der Sieger wird zum Schützenkönig auf dem sich anschließenden Dorffest ausgerufen. Generell ging es um eine Schieß- und Wehrübung der Männer. Das erst im 19. Jahrhundert entstandene Kindervogelschießen mit Luftgewehr oder Pfeil und Bogen ist immer noch in einzelnen Regionen Schleswig-Holsteins ein jährlich wiederkehrendes Fest mit Wettbewerb, Krönung eines Königspaares, Umzug und Fest.

3 *Epitaph des Daniel von Rantzau:* Dieses Andenken an den gebürtigen Herren von Deutsch-Nienhof und Kämpfer für die dänische Krone gilt als ältestes Renaissancebaudenkmal Schleswig-Holsteins.Das ursprünglich frei in der Kirche stehende monumentale Denkmal wurde im Dreißigjährigen Krieg stark beschädigt, schließlich teilweise in die Familiengruft in der Kirche verbracht und blieb so erhalten. Im 19. Jahrhundert wurde das Verbliebene in abgeänderter Form – der aufrechte Soldat mangels Unterschenkel zur Ruhe gelegt – wieder an der Langschiffwand der Kirche aufgestellt. Die letzte bedeutende Person, die in ihrer Familiengruft in der St. Catharinen-Kirche beigesetzt wurde, war *Julia von Reventlow,* die Seele des *Emkendorfer Kreises* und Tochter von *Heinrich Schimmelmann,* der mit dem Sklavenhandel sein Geld verdient hat.